Le petit livre des grands amateurs de

CIGARES

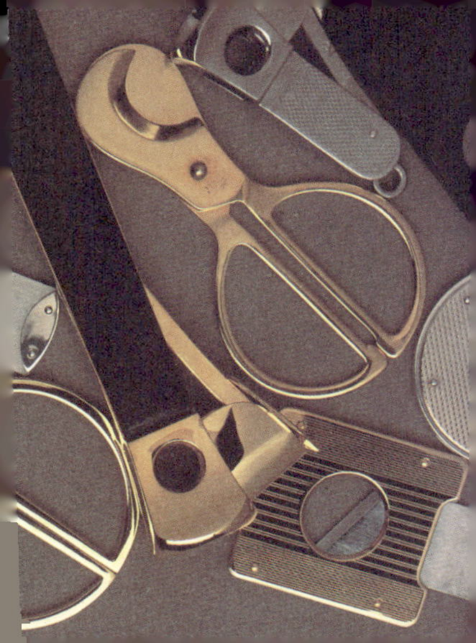

Le petit livre des grands amateurs de

CIGARES

MINI LIBRI

Edition originale parue sous le titre
" *Cigar aficionado's cigars* "
Première édition :
Running Press Miniature Edition

Pour l'édition française :

Traduction : Ariane Bataille
avec les conseils avisés de Luc Denarnaud

MiniLibri ®
est la marque déposée par Jeu d'Aujourd'hui

ISBN 2-84250-041-5

Imptrimé en Chine

Sommaire

Préface

Les cigares, comme les livres, se font dans toutes les tailles. Ce livre-ci est petit, mais il foisonne de réflexions intéressantes sur les cigares.

J'ai été frappé par la perspicacité des fumeurs de cigares, par la richesse de leurs observations sur la joie et la satisfaction que l'on peut éprouver à en fumer un bon. Le cigare serait-il la muse après laquelle nous soupirons tous de temps à autre ?

Dans un sens, nous pouvons nous féliciter du grand nombre de personnages créa-

tifs et talentueux de ces cent dernières années – de Sigmund Freud à Groucho Marx, en passant par Winston Churchill – qui furent des amoureux du cigare.
Chacun d'eux a laissé son héritage – un grand moment, une photo passée à l'histoire, une déclaration.

Aujourd'hui, les cigares se refont une réputation dans l'univers des passe-temps civilisés. Une nouvelle génération d'acteurs à succès, d'hommes d'affaires, de politiciens et de sportifs sont en train de lui redonner ses lettres de noblesse ainsi qu'une image positive.

Le message est simple : le cigare est l'un des grands plaisirs de l'existence.

Il entretient une ambiance de raffinement, de camaraderie et de détente.

Le cigare symbolise une certaine attitude vis-à-vis de la vie. Fumer un cigare, c'est d'abord prendre son temps, mais c'est aussi profiter de la compagnie de ses amis, de ses collègues ; c'est enfin s'offrir un plaisir simple.

Profitez-en.

MARVIN R. SHANKEN

éditeur et amateur de cigares

Un plaisir simple

VOUS EXHALEZ LA FUMÉE,
VOUS LA LAISSEZ
S'ÉCHAPPER, ET UNE
GRANDE PAIX S'INSTALLE
EN SILENCE.

CARLOS FUENTE JR,
fabricant de cigares

Le cigare me donne un réel plaisir. Il me procure une sensation de détente que rien ne peut égaler, à l'exception, peut-être, d'un verre de vin. Il me donne le sentiment de pouvoir profiter d'un moment de luxe au milieu de mes occupations, quelles qu'elles soient.

Ronald O. Perelman,
homme d'affaires

J'aime l'aspect contemplatif des cigares, le plaisir pur qu'ils procurent. Ils sont tout simplement remarquables ; fumer procure une détente incomparable.

TOM SELLECK
acteur

Le cigare engourdit le chagrin et remplit les heures solitaires d'un million d'images agréables.

GEORGE SAND
écrivain

SI JE NE PEUX PAS FUMER
DE CIGARES AU CIEL,
JE N'IRAI PAS.

MARK TWAIN
écrivain

SI JE NE PEUX PAS FUMER DE CIGARES AU CIEL, JE N'IRAI PAS.

MARK TWAIN
écrivain

Fumer le cigare a quelque chose de cérémonieux. De même que boire un bon vin. À cause de la qualité, du travail, de la passion qui entrent dans la fabrication d'un bon cigare.

DEMI MOORE
actrice

Entre une femme et un cigare, toujours je choisirai le cigare.

GROUCHO MARX
plagiat de Rudyard Kipling

PROTOCOLE

AUCUNE RÈGLE NE PRÉCISE JUSQU'OÙ UN CIGARE DOIT ÊTRE FUMÉ. CERTAINS N'EN FUMENT QUE LA MOITIÉ. D'AUTRES ATTENDENT DE SE BRÛLER LES DOIGTS POUR L'ÉTEINDRE. ARRÊTEZ-VOUS SIMPLEMENT DÈS QUE VOUS COMMENCEZ À LUI TROUVER UN MAUVAIS GOÛT.

Tous les cigares finissent en fumée.

PROVERBE BRÉSILIEN

J'aime la vue du tabac dont je vais faire un bon cigare, aussi bon que ce Macanudo. Le simple fait de le regarder dans ma main, de le rouler, est déjà un plaisir sensuel ; juste le fait de le tenir et de le faire aller d'avant en arrière.

EDGAR CULLMAN SR
fabricant de cigares

Le paradis : une bière, un cigare et un « doughnut » au chocolat.

JIM O'CONNOR
avocat

Le bouquet et la saveur d'un bon cigare qui se consume lentement peuvent se comparer au fruit et au corps d'un très grand vin rouge.

MARVIN R. SHANKEN
éditeur

Dégustation

Le choix d'une boisson pour accompagner un bon cigare est une affaire très personnelle et peut varier suivant les occasions. Cognac ou armagnac sont les plus classiques - le goût clair et nerveux de l'alcool distillé laisse au palais assez de vivacité pour apprécier le velouté d'un cigare roulé à la main. Le porto, lui aussi, est un associé traditionnel dans certains pays - la force et

LA DOUCEUR D'UN GRAND PORTO SE MARIENT PARFAITEMENT À LA VIGUEUR DE LA FUMÉE. MAIS VOUS AVEZ AUSSI LE VIN. SURTOUT LES TRÈS BONS VINS DU BORDELAIS. QUEL PLAISIR APRÈS UN BON REPAS D'ALLUMER UN CORONA EN FINNISSANT UN VERRE D'UN GRAND CRU CLASSÉ DE MARGAUX.

J'aime les cigares... je les aime pour... la tradition, le rituel. J'aime l'ambiance qui les entoure. J'aime aussi l'odeur du cigare, l'odeur du bon tabac, parce que j'ai grandi avec.

INDIA ALLEN
mannequin

Un bon cigare est un grand plaisir quand on dispose à la fois du temps et du contexte pour le fumer… après dîner, le soir, avec de bons amis.

BERNARD HINE
homme d'affaires

Les cigares sont souvent une sorte de ciment social dans les familles... la transmission de l'amour du cigare crée des liens entre les générations.

GWEN MARTIN
écrivain
et
EVAN J. ELKIN
psychologue

J'en fumais pour avoir l'air de quelqu'un. Quand les gens me voyaient descendre la rue, un cigare à la bouche, ils disaient : « Hé, ce gamin de quatorze ans a l'air d'avoir réussi dans la vie. » Et bien sûr, sur scène, c'est un accessoire formidable... Quand vous avez un trou, vous pouvez toujours tirer une bouffée de votre cigare en attendant de retrouver votre réplique.

GEORGE BURNS
comédien

J'aime le rituel de l'allumage, le moment où l'on découvre s'il est bon, où on le compare avec les autres. Quelle détente ! La tête bascule en arrière, et tout se ralentit. Quand je fume, mon corps tourne au ralenti. Je suis moins tendu. Les cigares m'aident à faire une pause et à réfléchir.

BEN GAZZARA
acteur

Dégustation

Ne tirez pas trop vite sur votre cigare. Il chauffera et perdra de sa saveur. Une bouffée par minute est amplement suffisante pour le conserver allumé.

Lorsque je rencontre des connaisseurs, en quelque domaine que ce soit, je sens que cela va plus loin que l'œil ou le goût ; je sens qu'il est possible de tirer un profond plaisir de toute chose si l'on veut bien y consacrer un peu de temps afin d'en savoir un peu plus, même si cela ne représente qu'une infime part de son existence. J'ai fumé le cigare à plusieurs périodes de ma vie, et j'aime tout ce qui va avec. Je suis une sorte de connaisseur des choses que j'aime.

FRANCIS FORD COPPOLA
metteur en scène

J'aime le goût. J'aime tout le rituel. Couper le bout. Rouler le cigare entre mes doigts. Regarder la bague. L'allumer. L'arôme. La sensation qui envahit mes sinus. J'aime que cela dure longtemps. Cela me détend vraiment.

Gregory Hines
danseur

UNE GRANDE TRADITION

Après m'avoir appris à retirer la cellophane, Grandpa me dit de toujours fumer le cigare avec la bague... Grandpa pensait qu'il était le mieux placé pour m'enseigner les bonnes techniques... il me fit promettre de ne jamais transgresser cette règle : « N'avale jamais la fumée ni aucun résidu de tabac, cela te rendrait malade. »

BILL COSBY
acteur

Je me souviens de Papa et de son rituel de l'allumage. Il faisait glisser la bague que je recevais comme une récompense. Pendant que je l'enfilais sur mon doigt, il coupait le bout du cigare et craquait une allumette. Après quelques aspirations appliquées, le bout du cigare se transformait en une braise luisante, un cercle parfait. Mon boulot consistait à souffler sur l'allumette. Combien de fois ai-je fait cela ? Un millier de fois ? Davantage ?

CAROL WESTON

écrivain

Aucun des hommes de ma famille ne fumait. C'est mon arrière-grand-mère qui m'en donna l'envie. Chaque dimanche, nous lui apportions une pinte de whisky et trois cigares maduro qu'elle coupait en deux pour qu'ils lui durent six jours. Son premier souci était d'allumer le premier – les bises de bienvenue pouvaient attendre qu'elle ait tiré quelques bouffées.

ELOY RODRIGUEZ
grand amateur de cigares

Protocole

N'écrasez jamais votre cigare dans un cendrier. Un cigare s'éteint tout seul, assez rapidement. En fait, un cigare écrasé dégage davantage d'odeur qu'un cigare qu'on laisse s'éteindre de lui-même.

Mon père était un fumeur de cigares, il appréciait vraiment un bon cigare... Je me souviens de l'époque où j'allais au lycée. Je devais avoir quinze ans. Je déjeunais avec lui quand il m'en offrit un. C'est ainsi qu'il m'initia aux cigares... Il fumait des cigares cubains et buvait du vin espagnol. Et il me fit connaître les deux.

FIDEL CASTRO

dunhill
ASHTON
LA
INVICTA

Protocole

Laisser la bague ou enlever la bague du cigare que l'on fume est un point sur lequel on peut débattre sans fin. A chacun son idée, mais lisez attentivement ce qui suit :

Si vous laissez la bague, les gens sauront ce que vous fumez et ce sera peut-être le point de départ d'une conversation : « Oh, vous fumez un...»

Un excès de colle risque parfois de déchirer la cape si vous ôtez la bague alors que le cigare est encore froid. Donc, si vous voulez l'enlever, fumez le cigare pendant un petit moment afin de le réchauffer.

Je me souviens du premier cigare que j'ai goûté. C'était un mégot délaissé dans un de ces cendriers remplis de sable que l'on trouve devant les ascenseurs. Je l'ai ramassé, je l'ai collé dans ma bouche... et je me suis pris pour un héros de bande dessinée.

MATT DILLON

acteur

Conservation

Si des cigares d'origines différentes sont rangés dans le même humidificateur, leurs parfums et leurs arômes se communiquent les uns aux autres, surtout s'ils se touchent. Très peu de gens conservent leurs cigares préférés dans des humidificateurs individuels, mais il n'est pas difficile d'isoler les différentes marques les unes des autres par des séparations, à l'intérieur d'un même humidificateur.

Un jour, mon fils me dit : « Papa, je n'ai jamais vu personne savourer quelque chose avec autant de plaisir que toi ton cigare sur le terrain de golf ou dans ton bureau. »

PHIL GUARASCIO
homme d'affaires

Mon garçon, fumer est l'un des plaisirs les plus grands et les moins chers de la vie, et si tu décides à l'avance de ne jamais fumer, j'en suis navré pour toi.

SIGMUND FREUD

Davidoff

ENTRE AMIS

... UN CIGARE N'EST PAS
UN CIGARE
SI L'ON EST SEUL
À EN PROFITER.

JOHN MILLESON
directeur d'un club de fumeur de cigares

Quand une femme connaît la préférence d'un homme, cigares compris, quand un homme sait ce qui plaît à une femme, ils sont bien armés l'un contre l'autre.

COLETTE

Ce que j'aime dans le cigare, c'est le fait de m'asseoir et de parler avec d'autres hommes... Les meilleures conversations que j'ai eues, je les ai presque toutes eues en fumant un cigare.

JIM BELUSHI
acteur

Protocole

N'allumez jamais le cigare de quelqu'un d'autre. Offrez-lui plutôt votre briquet ou des allumettes. En voulant allumer rapidement son cigare à la flamme qui lui est tendue, le fumeur aspire en général trop fort, et cela est mauvais pour le cigare.

En général… les femmes n'acceptent pas de cigare. Ou, si elles en prennent un, elles ne l'allument pas. Mais deux ou trois mois plus tard, vous les voyez fumer – et toujours les plus gros cigares.

ARNOLD SCHWARZENEGGER
acteur

Lorsque je m'assieds pour fumer un cigare, c'est en général en compagnie de mes meilleurs copains. Nous parlons de nos expériences de cigares, de nos voyages à Cuba, de nos rêves d'aller à Cuba. Ou bien nous parlons de choses complètement différentes, de J.D. Salinger par exemple. Ou de la vie. Ou des femmes.

MICHAEL NOURI
acteur

J'apprécie encore plus un cigare choisi par ma femme. L'achat d'un cigare est une sorte de rituel que nous partageons.

MICHAEL SIRGADO
avocat

Protocole

Chez un marchand de cigares, vous pouvez tester le degré d'humidité de ceux qui vous sont proposés en les tâtant légèrement entre les doigts, mais prenez garde de ne pas les serrer trop fort : ils se casseraient.
D'une manière générale, il est assez mal vu de sentir un cigare avant de l'acheter.

C'est exactement comme partager une bonne bouteille de vin. C'est réconfortant. Quand vous en choisissez un, tout va mieux. Et quand vous fumez, c'est toujours avec des amis.

LINDA EVANGELISTA
mannequin

Vous verrez un motard parler à un magistrat, un ouvrier parler à un comptable. Je suis démocrate, je me suis lié d'amitié avec un républicain. C'est comme ça dans un club de fumeurs de cigares.

BILL EAKIN
ouvrier

LE MEILLEUR AMBASSADEUR DE CUBA EST UN CIGARE CUBAIN.

RAUL ROA COURI
ambassadeur de Cuba en France

Une touche d'élégance

L'âge moyen du fumeur de cigare baisse en flèche. C'est aujourd'hui une façon d'entrer dans l'âge adulte.

MARVIN R. SHANKEN
éditeur

Je fume quand ma journée est terminée, après dîner, avec un livre, avec un ami... Je fumerai quand nous serons en vacances... Ça va avec la bonne musique. Je ne me souviens pas d'avoir fumé en travaillant.

JEFF GREENFIELD
journaliste

Chaque soir après dîner, accompagné de mes deux chiens, je me balade sur Park Avenue pour promener mon cigare.

GAY TALESE
écrivain

L'ENDROIT QUE JE PRÉFÈRE
POUR FUMER
EST MON VIGNOBLE.

DENNIS GROTH
homme d'affaires

Le cigare est le complément indispensable de toute vie oisive et élégante.

GEORGE SAND
écrivain

Conservation

Le laps de temps nécessaire au vieillissement d'un cigare est une affaire de goût. Certains aiment les cigares frais, roulés depuis moins de six mois. D'autres préfèrent les laisser vieillir pendant cinq ou six ans avant de les fumer. Certains connaisseurs aiment les cigares vieux de vingt, trente, ou même

QUARANTE ANS. CONSERVÉS ENTRE 21 °C ET 22 °C AVEC UN TAUX DE 70 % D'HUMIDITÉ, LES CIGARES ÉVOLUENT ET SE GARDENT INDÉFINIMENT.

Il n'y a rien de tel qu'un bon cigare en jouant au golf, ou un bon cigare en jouant au bridge, ou tout simplement en regardant le soleil se coucher, assis sur la plage. C'est un accent sur la vie.

CHRISTOPHER J. STEFFEN
financier

J'avais l'habitude de fumer en téléphonant ou en regardant un film dans mon fumoir, mais à présent, entre le cigare et moi, il s'agit d'une affaire strictement privée.

DON SEBASTIANI
propriétaire de vignobles

Si je n'ai pas de cigare, il me manque quelque chose. C'est comme si j'étais assis dans un fauteuil, sans pantalon.

GENE MCGOVERN
homme d'affaires

Conservation

Si vous achetez vos cigares par grandes quantités sans disposer d'un humidificateur assez grand pour les ranger tous, gardez-les au freezer, dans un sac ou une boîte en plastique hermétique. Deux ou trois jours avant de les fumer, descendez-les du freezer dans le bac à légumes du réfrigérateur. Puis faites-les séjourner encore au moins vingt-quatre heures dans votre humidificateur.

FOR FINE HAVANA CIGARS

FOR FINE HAVANA CIGARS
nº 5-7
·superiores·
·flor fina·
FOR FINE HAVANA CIGARS
nº 5-7
·superiores·

... UNE CHOSE À NE JAMAIS OUBLIER EN SORTANT DE CHEZ SOI – UN CIGARE.

BILL COSBY

acteur

Un cigare complète une image. C'est comme une virgule dans une phrase. Il vous donne de celui qui le tient une idée différente... le fumeur de cigare est différent sans faire aucun effort pour l'être.

GEORGE FERTITTA
publicitaire

Les cigares ont une note cérémonielle, une dimension extraordinaire... une de ces choses qui donnent du piment à la vie.

TERRY MCDONNELL
rédacteur en chef

J'aime des cigares différents aux différentes heures de la journée. Le matin, je choisis un Avo Intermezzo. Si je l'allume en sortant de mon garage, je le termine en arrivant au New Jersey... Après le repas, un Don Lino, un peu plus gros, mais très doux. On ne peut pas fumer de cubains dans la journée, ils sont trop forts. J'aime aussi le petit, et épais, Cohiba Robusto. Mais on ne peut pas le fumer non plus dans la journée.

AHMAD RASHAD
footballeur

Je fumais beaucoup de cigarettes. Beaucoup trop. C'est l'une des raisons pour lesquelles je me suis mis à fumer le cigare sérieusement. Je me suis dit que le seul moyen de perdre une mauvaise habitude était de la remplacer par une bonne... Je fume des cubains qui sont, bien sûr, les meilleurs. En fait, il n'y a qu'un seul cigare, le cubain.

JACK NICHOLSON
acteur

Conservation

Pour réhumidifier une boîte de cigares desséchés : placez les cigares dans un humidificateur qui n'a pas été chargé depuis une semaine. Laissez les cigares reposer dans cet air légèrement sec pendant quelques jours. Puis remplissez partiellement le système d'humidification et attendez encore une semaine avant de charger complètement le régulateur d'humidité. Ce procédé évitera

AUX CIGARES DE S'HUMIDIFIER TROP VITE. NE FUMEZ PAS CES CIGARES AVANT QU'ILS NE REDEVIENNENT SOUPLES AU TOUCHER. UN CIGARE SEC CHAUFFE EXCESSIVEMENT ET SENT LE BRÛLÉ.

Ne vous y trompez pas. Inutile de se perdre en palabres sur les « République Dominicaine », les « Mexicains », les « graines importées de Cuba ». Un bon cubain est un bon cubain.

BENJAMIN KEAN
médecin

Pour moi, un cigare est une détente. Il me permet, ou plutôt il m'oblige à m'asseoir pendant une heure ! J'en savoure le goût, j'observe la fumée, et je me perds dans mes pensées.

CYNTHIA EKBERG TSAI
femme d'affaires

Les gens aimeraient fumer leurs cigares dans la salle à manger, et non au bar, mais ici, c'est impossible. Quelqu'un essaya une fois d'en allumer un – on se serait cru dans *« Les Oiseaux »* de Hitchcock. En deux secondes, des clients s'étaient levés de toutes les tables pour se plaindre à la réception.

JOACHIM SPLICHAL
restaurateur

Protocole

Si vous vous trouvez dans un endroit où la fumée de votre cigare dérange quelqu'un, laissez s'éteindre votre cigare ou sortez. Mais si vous êtes dans un lieu où le cigare est autorisé, tenez bon – ce n'est plus votre problème mais celui de la direction.

Le tabac possède un pouvoir compensatoire. Pour moi, comme pour beaucoup d'autres, le moyen le plus facile de réduire le stress est de fumer un cigare.

M. Hal Pearlman
chirurgien

Les cigares me détendent. Ils m'aident à réfléchir. Il n'y a pas très longemps que je me suis mis à fumer tout en animant mon émission de radio ; rien que le fait d'en tenir un à la main semble me permettre de m'exprimer plus librement, en me débarrassant de certaines petites inhibitions.

RUSH LIMBAUGH
journaliste

Fumer un cigare présente des avantages sur les autres méthodes anti-stress. L'expérience d'un bon cigare est extrêmement sensuelle ; la beauté d'un cigare bien roulé charme la vue, sa fermeté séduit le toucher, et son parfum (l'un des plus masculins) ravit l'odorat. Un bon cigare est aussi enchanteur qu'un grand cru.

CHARLES CARLUCCIO
psychiatre

Protocole

Ne jouez pas les architectes avec la cendre de votre cigare. Si vous attendez trop longtemps, elle atterrira immanquablement sur la nappe ou sur vos genoux. Dès que vous voyez une petite fissure se former, faites-la tomber d'un petit coup sec dans le cendrier.

On découvre des choses en fumant le cigare. On devient créatif. Peut-être fait-on un avec le cigare. On se perd en lui ; tout s'efface, les soucis, les problèmes, les pensées. Ils se volatilisent avec la fumée et vous laissent en paix, le cigare et vous.

RAUL JULIA
acteur

Si vous oubliez une réplique, collez-vous le cigare dans la bouche et tirez dessus jusqu'à ce qu'elle vous revienne.

GROUCHO MARX
comédien

FUMER LE CIGARE FAIT PARTIE DU RITUEL DE L'ART DE VIVRE.

HELENA STIGELER
femme d'affaires

dunhill

Comment savoir si l'influence apaisante du tabac sur mon système nerveux ne m'a pas permis de me conduire avec calme et courtoisie dans des circonstances embarrassantes, ou ne m'a pas permis de traverser sereinement des heures critiques d'attente angoissante ? Comment savoir si mon caractère aurait été aussi aimable ou ma compagnie aussi agréable si, dans ma jeunesse, j'avais renié la déesse Nicotine ?

WINSTON CHURCHILL

Je commence toujours la journée avec un gros cigare. Cela stimule mon esprit et favorise ma créativité.

MARVIN R. SHANKEN
éditeur

Crédits photographiques

- Gene Coleman :

  pages de garde, pages 68, 124
- Dan Wagner : *pages 2, 10, 31, 42, 49, 52-53, 58, 62, 80, 89, 103, 120-121*
- Kent Hanson : *pages 9, 41,72, 85*
- Stephen Wayda :

  pages 15, 18, 71, 76, 100
- James Suckling : *pages 24-25, 51*
- John Harding : *pages 34, 38*
- Courtney Grant Winston : *pages 45, 110*
- Jeff Harris : *page 57*

- Al Parrish : *page 67*
- Elie Bleu : *pages 94-95*
- Francis Hammond : *pages 107, 118*
- David Barry : *page 114*
- Paramount Shooting Star : *page 117*

Maquette : Paul Kepple

Textes recueilis par E. Amy Janke